U0498708

新疆相册

礼赞新时代的奉献者

新疆维吾尔自治区社会科学界联合会

新疆维吾尔自治区总工会

编

新疆人民出版社
（新疆少数民族出版基地）

《新疆相册：礼赞新时代的奉献者》
编　委　会

主编　徐锐军

编委　李君霞　祁若雄　艾比·沙拉木　刘环玉　钟广新

撰稿　王新红　贺朝霞

执行主编　贺朝霞　薄绍滨

执行编辑　刘瑾　王晓庆　梅志俊　孟丹　哈斯叶提·卡斯木　李荣　古力切热木·尼加提

前言

　　文化润疆是以习近平同志为核心的党中央从战略上审视和谋划新疆工作做出的重大战略部署，是新时代党的治疆方略的重要组成部分。实施好文化润疆工程，是谋长远之策、行固本之举、建久安之势、成长治之业的根本性举措，是凝聚人心、凝聚共识、凝聚力量的基础性工作，是完整准确全面贯彻新时代党的治疆方略、建设新时代中国特色社会主义新疆的目标性要求。

　　为扎实推动文化润疆各项重点任务落地落实，大力弘扬劳模精神、劳动精神、工匠精神，新疆维吾尔自治区总工会、新疆维吾尔自治区社会科学界联合会推出"奋进新征程　建功新时代"之《人在新疆》系列微视频，并在此基础上编写了《新疆相册：礼赞新时代的奉献者》一书。

　　书中选取的人物，分别来自文化旅游、教育科研、交通运输、生态环境等领域，通过讲述党的十八大以来，新疆各行各业立足新时代、建功新时代、奉献新时代涌现出的先进劳模、行业先锋、业态代表等典型人物背后的鲜活故事，展现新时代新疆的新变化、新风尚，凸显出时代发展浪潮下，新疆人民改革进取、不懈奋斗的精气神。

为使更多人了解这些人物努力拼搏、积极向上的奋斗精神，本书以纪实手法展现他们的风采，使人物形象更加立体、丰满，让人物故事更具政治高度、情感厚度，更有生活温度，以真情实感打动人心，向读者传递新时代的奋斗精神，让幸福源于奋斗的主旋律更加响亮，让我奋斗我快乐的正能量深入人心。

目录

1　贾德良打鱼归来
2　在博斯腾湖捕鱼的渔船
3　贾德良在自家的农家乐忙活
4　贾德良在装饰自家的农家乐小院

家乡味道

　　博斯腾湖位于新疆维吾尔自治区巴音郭楞蒙古自治州天山南麓、焉耆盆地东南部的博湖县境内，是我国最大的内陆淡水湖，水域面积1646平方公里，占博湖县总面积的43.2%，是新疆最大的渔业生产基地。秀美的自然风光及丰富的物产资源，让博湖县成为新疆的旅游胜地。

　　贾德良是巴音郭楞蒙古自治州博湖县乌兰再格森乡乌图阿热勒村村民，他的家乡紧邻博斯腾湖，为经营农家乐提供了得天独厚的条件。贾德良的农家乐，主要以

博斯腾湖有机鱼和农家散养的鸡、鸭、鹅为食材，每到节假日，生意特别火爆，单日接待游客200人左右。

为了给游客提供更好的服务，贾德良扩建了餐饮区，利用自家的庭院种植果蔬，让游客在品尝美食的同时体验采摘果蔬的乐趣。如今，贾德良家每年有40万元左右的收入，他和同乡开农家乐的村民合作，收购农户散养的鸡、鸭、鹅，不仅自己赚上了钱，还带动了邻里致富。

5 博斯腾湖

6 打鱼归来

7 贾德良和家人

1—2　居马泰·俄白克和同事到包扎
　　　得尔牧区冬牧场开展巡回医疗
3—4　居马泰·俄白克给牧民看病

马背医生

　　　　出生于1964年的居马泰·俄白克，是伊犁哈萨克自治州特克斯县乔拉克铁热克镇包扎得尔牧区库克苏温泉卫生院的一名医生。他自1992年到牧区卫生院工作，至今已有30多年。包扎得尔牧区是方圆220平方公里的冬牧场，平均海拔3000多米，牧区巡诊工作每年11月底开始到次年3月底结束，15～20天巡诊一次。卫生院的8名医生每4名一组，分两组轮换进牧区巡诊。

　　　　居马泰·俄白克刻苦钻研，熟知妇科、外科、儿科、内科等专业医疗知识，是牧民信得过的全能医生，同时他也培养出了一批又一批牧区全能医生。居马泰·俄

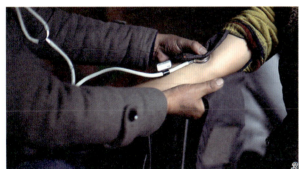

白克已记不清救治过多少生命垂危的病人、孕产妇，他始终将"救死扶伤、送患者健康"铭记在心。30余年间，居马泰·俄白克为牧民减免、垫付的医药费及诊疗费超过10余万元，巡诊里程更是达到20余万公里。奔走在崎岖的牧道上为牧民巡诊的他，用实际行动诠释着对职业的热爱、对患者的关爱，牢记使命、兢兢业业、无怨无悔，默默地在平凡的岗位上做牧民健康的守护者。

居马泰·俄白克先后获得"自治区敬业奉献模范""全国道德模范"提名奖和"最美新疆人""自治区民族团结进步模范个人"等荣誉。

5—6 居马泰·俄白克和同事到包扎得尔
     牧区的冬牧场开展巡回医疗
7 微弱的灯光下，居马泰·俄白克为患者
  开处方

1　卡德尔·热合曼拿着自己设计的刺绣图样
2　卡德尔·热合曼介绍刺绣合作社的产品
3　卡德尔·热合曼设计刺绣图样
4　卡德尔·热合曼制作刺绣图样

绣郎卡德尔

　　卡德尔·热合曼是新疆哈密传统刺绣传承人、哈密市男绣郎手工刺绣专业合作社负责人。9岁时，卡德尔·热合曼跟随家人搬到哈密市陶家宫镇荞麦庄孜村。15岁时，他开始为妈妈画绣品的图样。慢慢地，他的技术越来越好。在一针一线间，他开启了自己的刺绣人生。

　　在款式和针法繁杂的哈密传统刺绣中，卡德尔·热合曼形成了自己独特的刺绣风格。传统的哈密刺绣常见于民族服饰以及桌布、被罩、枕套等用品上。在"中国

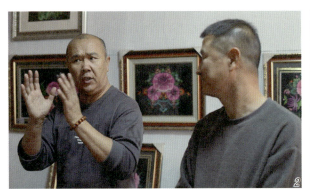 

非物质文化遗产传承人群研修培训计划"的支持下,包括卡德尔·热合曼在内的哈密市300多位刺绣师被派往清华大学美术学院、广州大学等高等院校学习深造。此次学习为卡德尔·热合曼的刺绣人生打开了一扇门,激发了他的创作灵感。2016年8月20日,他成立了自己的文创公司,和国内其他省市的文创公司合作开发出一系列文创产品,使新疆的刺绣产品走向世界。

如今,卡德尔·热合曼的刺绣团队已有120多人,他将继续带领农村广大群众勤劳致富,迈向更加幸福的未来。

5　卡德尔·热合曼参加刺绣产品宣传活动

6　卡德尔·热合曼宣传介绍刺绣的文创产品

7　卡德尔·热合曼与村里的绣娘切磋技艺

1　库尔班·尼亚孜在国家通用语言小学
　　给学生讲话
2　库尔班·尼亚孜和参会代表合影
3　库尔班·尼亚孜和学生们在一起
4　库尔班·尼亚孜在课堂上讲课

"改革先锋"库尔班

　　2003年，库尔班·尼亚孜拿出家里的所有积蓄60余万元，在家乡阿克苏地区乌什县依麻木镇创办了新疆第一所民办国家通用语言小学，并挨家挨户动员乡亲们让孩子学习国家通用语言文字，用教育改变乡村贫穷落后的面貌。

　　学校创办以来，库尔班·尼亚孜不断创新教学模式，摸索教学方法，提高教学质量，扩大招生规模。他积极开设国学课堂，通过设立孔子像，组织学生背诵古诗词、唱京剧、练书法、画国画等方式，开展中华优秀传统文化教育，把中华优秀传

统文化深植于孩子们的内心，使孩子们通过知识改变自己的命运。2016年，国家通用语言小学第一届毕业生穆萨·图尔贡以701分的好成绩，被清华大学录取，成为乌什县历史上第一个考上清华大学的学生。如今，库尔班·尼亚孜又总结运用多年积累的教学经验，帮助广大青壮年农牧民学习国家通用语言文字，为他们搭建起通往更加美好的生活的桥梁。

库尔班·尼亚孜先后获得"全国道德模范""改革先锋""全国劳动模范""全国优秀共产党员"等荣誉称号，被誉为"民族团结进步的践行者"。

冰雪速滑

　　刘麑飞是男子速度滑冰全能运动员、全国冠军、国家级运动健将，曾代表国家参加过3届奥运会。他1967年出生于阿勒泰，1983年进入新疆速滑队，1986年创造了速度滑冰男子1500米全国纪录，且该纪录保持了11年。刘麑飞曾于1990年在中国—苏联速度滑冰友谊赛中打破速度滑冰1000米、1500米、3000米和5000米全国纪录。如今，他担任新疆冬季运动管理中心短道速滑队领队。2023年，刘麑飞受邀担任新疆冰雪运动推广大使。

1　训练场上的刘巽飞看短道速滑队
　　队员训练
2　刘巽飞给短道速滑队队员上课

　　这些年，刘巽飞为培养新疆的短道速滑人才费尽心血。特别是在新疆维吾尔自治区第一届冬季运动会举办前，他带领从全疆选拔出来的短道速滑队队员夜以继日地练习，给予队员最大程度的关心和鼓励。在他的培养下，新疆短道速滑队队员在各大赛事中不断取得优异的成绩。在刘巽飞的眼里，这些在赛场上拼搏的孩子们就像年轻时的自己，勇敢追求内心的热爱，他们延续着前辈们的拼搏传统，是中国冰雪运动的未来。

3 1994年，在挪威利勒哈默尔举办的第十七届冬奥
  会开幕式上，刘鑻飞担任中国代表团旗手
4 刘鑻飞与乌鲁木齐市业余体校滑冰队的孩子们进
  行交谈

绿色邮路

马建新是中国邮政集团有限公司乌鲁木齐市分公司的一名邮递员，从1997年穿上绿色工装的那天起，他就立志要成为一名全心全意为人民服务的邮递员。

马建新负责的南昌路投递区域有6000余户居民，他每天骑着自行车，驮着20多公斤重的邮包穿梭在投递区域内的各街道、小区。为了将邮件及时准确地投递到客户家里，他总是随身携带一个笔记本，遇到不容易记住的街道、门牌号就随手记录下来。慢慢地，谁订了什么报纸，谁家经常有信件，他都清楚了。不论阴晴雨雪，

1　马建新在投递邮件的路上
2—4　马建新在处理日常事务
5　马建新在书店买书

只要有客户的邮件，他都坚持第一时间送到客户手里。

随着网络和交通物流业的发展，曾经的邮递员变成了快递员，马建新需要送的包裹更多了。如今，绿色邮路已覆盖各个角落，而更高效更快捷的传递方式，也是一代代邮政人努力的方向。

在过去的十几年里，马建新的投递里程超过10万公里，投递的邮件数量超过300万件，收到表扬信100余封，实现零投诉。2015年，马建新获得"全国劳动模范"荣誉称号。

6　马建新给客户送快递
7　马建新将要送的快递包裹装上车
8　马建新给客户分发订购的报纸
9　马建新看望老客户，送去帮她买的书

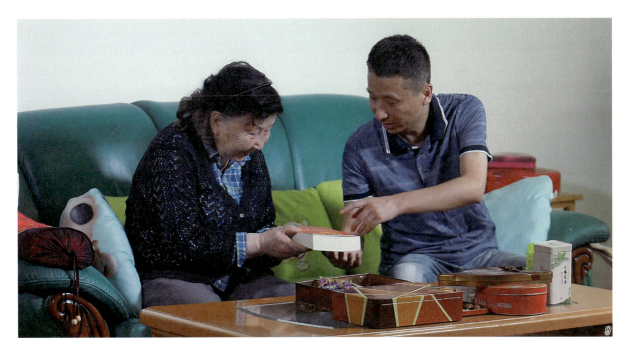

1　马占文介绍乌鲁木齐地铁1号线检修工作
2　马占文和同事完成检修工作准备下班
3　马占文检修地铁线路
4　马占文和同事准备检修地铁接触网

地铁"医生"

2018年10月，乌鲁木齐地铁1号线北段开通运营。2019年6月，南段开通运营。这条轨道交通线为乌鲁木齐市民提供了新的出行方式，也标志着新疆进入轨道交通时代。

马占文，乌鲁木齐城市轨道集团有限公司运营分公司设备设施部供电车间接触网一工区工区长、乌鲁木齐地铁1号线接触网检修工。每天凌晨0时50分到6时，马占文和他的同事们都会带着检修工具到运营了一天的地铁线路上进行检修，他们的

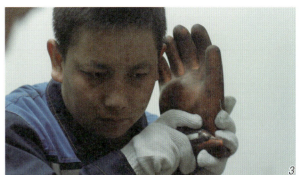

任务是对正线隧道里的接触网进行检修维护。这项工作被业内称为"三高"工种，工作中要在4米高空作业、检修1500伏高压的接触网和承担高风险。对于地铁而言，设备中每一个细小的问题都可能造成停运的严重后果。

为了保证地铁平稳运行，马占文和同事们严格控制地铁设备参数处在安全范围。自乌鲁木齐地铁1号线运行以来，接触网设备没有出现过任何问题。每天地铁安全出站，又安全回站，是马占文和同事们感到最幸福的事。

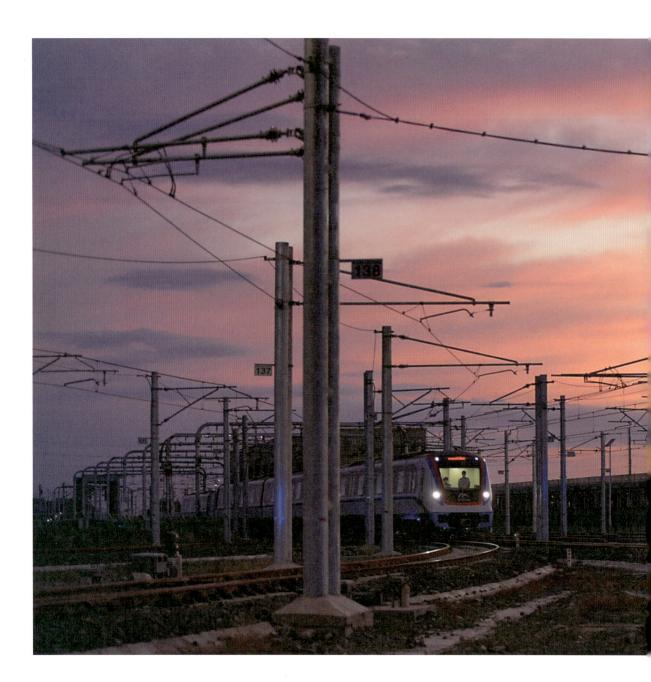

5　迎着朝霞，乌鲁木齐地铁1号线第一趟列车驶出地铁总站

6—8　马占文和同事检修地铁接触网

9—10　夜已深，马占文和同事刚刚完成地铁接触网检修工作

展翅帕米尔

来自喀什地区塔什库尔干塔吉克自治县提孜那甫乡提孜那甫村的麦富吐力·坎加，是"时代楷模"拉齐尼·巴依卡的同乡、同事，2014年7月1日，他加入护边员队伍，当上了村里的协警和护边员。

塔什库尔干塔吉克自治县位于帕米尔高原东南部，山区海拔高，终年积雪。在大山深处分布着很多通往边境的山口，这些山口是护边员巡逻的重点区域。

麦富吐力·坎加经常和拉齐尼·巴依卡一起骑牦牛巡逻或徒步巡逻。拉齐

1 护边员们用辛勤汗水守护着祖国边境的安宁
2 麦富吐力·坎加看望拉齐尼·巴依卡的父亲
3 麦富吐力·坎加帮拉齐尼·巴依卡的父亲干农活

尼·巴依卡为救落水儿童牺牲后，麦富吐力·坎加陷入了深深的悲痛之中。"护边是国家的事，也是牧民的事，没有边疆的稳定，哪有我们牧民的幸福生活。"想到拉齐尼·巴依卡常说的话，麦富吐力·坎加忍住悲痛又走上了巡逻的路。

拉齐尼·巴依卡的精神已经融入雪山脚下每一个人的血液中。麦富吐力·坎加暗下决心，要以拉齐尼·巴依卡为榜样，用实际行动延续他爱国护边的精神，尽自己所能推动民族团结进步，推动家乡发展，守护好祖国的边境。

4 麦富吐力·坎加和同事在巡逻护边间
  隙休息
5 麦富吐力·坎加和同事去村民家走访
6 麦富吐力·坎加和同事在村民家宣讲
  党的各项惠民政策

1　莫建琳给客人拍照
2　莫建琳学习摄影知识
3　莫建琳查看照片的效果
4　莫建琳和同事讨论交流摄影技术

摄影追梦

莫建琳是一名摄影师，也是乌鲁木齐一家少女摄影馆的负责人。

莫建琳从大学一年级时开始创业，那年她19岁，至今已过去10年。当时国家鼓励创业，所以学校有创业课程，社会上的创业环境也很好，大学生创业不仅有政策支持，还有资金补助和创业场地支持。

2017年，喜欢摄影的莫建琳开了乌鲁木齐首家少女摄影馆，店里的装修风格极具少女情怀。4年以后，她和她的伙伴们又开了第二家店，店里的工作人员从化

妆师到摄影师清一色都是女性。莫建琳认为，选择女性合作伙伴既方便和客户沟通，也方便大家相互交流。来自不同行业的她们有一个共同的理念——在努力奋斗中实现经济独立，兼顾事业和家庭。

新疆是一个充满机遇和挑战的地方，也是一个充满包容的地方。10年的创业经历让莫建琳收获了财富，也收获了成长。她相信：只要坚持，自己和伙伴们的梦想就一定能够实现。

5　莫建琳和她的团队
6　莫建琳为客人整理头饰
7　莫建琳畅谈生活

1　莫兴伟在新疆相声巴扎表演
2　莫兴伟在进行曲艺表演
3　莫兴伟和同事交流讨论表演心得
4　莫兴伟和搭档在新疆相声巴扎表演

疆味相声

　　莫兴伟是一名退役军人，在部队时，他一直从事曲艺工作，后拜相声名家李立山为师，学习相声表演。

　　2012年，莫兴伟拿出自己的全部积蓄，在乌鲁木齐开设了第一家相声剧场——新疆相声巴扎。巴扎，在维吾尔语里是"集市"的意思。莫兴伟不仅选用这个带有新疆特色的名字，还将新疆特色方言和包袱（指相声、快书等曲艺中的笑料）融入相声创作表演中，创作出新疆人民喜爱的疆味相声。

新疆相声巴扎的作品可以分为三类：一是传统相声，二是改编的传统相声，三是原创作品。相声表演剧本的创作有自己的传承和规矩，主要参考俗称的"五大本"，但也需要创新。莫兴伟将自己在新疆的生活经历和感触，以及新疆的风土人情、发展变化等内容糅进剧本里，形成包袱和段子带给观众，让观众在欢笑中感受传统文化的魅力，感受新疆人民幸福和谐的美好生活。

莫兴伟认为，现在是新疆相声发展的最好时期，他要抓住机会，多开几家新疆相声巴扎，为文化润疆做出自己的贡献。

5—6　莫兴伟和同事在新疆相声
　　巴扎表演
7　莫兴伟和同事交流表演心得

沙漠玫瑰

　　帕提古丽·亚森是新疆维吾尔自治区巴音郭楞蒙古自治州且末县人。且末县位
于塔克拉玛干沙漠腹地，各族群众饱受风沙之苦。帕提古丽·亚森的父亲在且末生
活了一辈子，也和风沙斗了一辈子，他最大的梦想就是有一天能够战胜风沙，让子
孙后代有一个好的生态环境。在父亲的影响下，帕提古丽·亚森中专毕业后，成为
且末县第一批女治沙员中的一员。

　　帕提古丽·亚森加入治沙队伍不到一年，她的父母就相继离世。父亲临终前交

1—2　帕提古丽·亚森在去治沙的路上
3　帕提古丽·亚森在讲解治沙计划和方案
4　帕提古丽·亚森和同事一起在沙漠中种树
5　帕提古丽·亚森修理给树苗浇水的水管

代她一定要将防沙治沙的事业继续下去，保卫好自己的家园。父亲去世后，帕提古丽·亚森全身心地投入防沙治沙工作，把自己的青春年华都贡献给了防沙治沙事业。

多年来，帕提古丽·亚森一直坚守在防沙治沙的路上，在沙漠中栽下了一株又一株新绿。一代代且末人凭着坚定的信念，在极其恶劣的环境中艰苦奋斗，团结一致，坚持不懈地与风沙做斗争，用自己的双手改变着家乡的面貌，书写着"斗沙治沙，保卫县城"的传奇故事。

6—9　帕提古丽·亚森和同事在沙漠中种树
10　帕提古丽·亚森和同事在沙漠中种植的防沙林

1　热孜万古丽·沙吾提和社区居民交谈
2　热孜万古丽·沙吾提了解社区居民的困难
3　热孜万古丽·沙吾提和同事在社区走访
4　热孜万古丽·沙吾提和同事

花儿书记

　　热孜万古丽·沙吾提是乌鲁木齐市经济技术开发区（头屯河区）钢城片区管委会柯坪路北社区的党支部书记。

　　2003年，大学毕业的热孜万古丽·沙吾提选择到基层工作。2008年至今，热孜万古丽·沙吾提任柯坪路北社区党支部书记，辖区内每个家庭的情况她都很熟悉。热孜万古丽·沙吾提每日在社区为居民家的事忙得脚不沾地，白天挨家挨户走访了解居民诉求，晚上和社区干部一起检视问题、剖析根源。她还带着社区干部为居民

清理地下室垃圾、硬化修补小区路面、上门为老年人解决生活困难……慢慢地,社区工作得到了居民的认可和肯定,热孜万古丽·沙吾提被居民亲切地称为解忧送暖的"花儿书记"。

热孜万古丽·沙吾提组建了基层宣传队,宣讲身边的民族团结故事。在她的带动下,社区经常举办民族团结联谊活动,开展民族团结好楼栋、好商户等群众性评选活动,让各族居民的关系更加融洽。2021年,热孜万古丽·沙吾提被授予"全国优秀党务工作者"称号。

5　热孜万古丽·沙吾提和社区居民在一起
6　热孜万古丽·沙吾提到社区居民家走访了解情况

"好爸爸" 沈建佳

  出生于1956年的沈建佳是一名退役军人。退役后，他来到伊犁哈萨克自治州特克斯县林业局工作。1982年的一天，他得知有6名家在县城60公里外的牧区的哈萨克族学生，因家庭贫困拿不出租房的钱，在县城上学成了问题。于是，他和妻子商量好后，把这些孩子接到自己家里来住。一晃40多年过去，沈建佳共抚养资助了哈萨克族、柯尔克孜族、维吾尔族、蒙古族、回族、汉族等民族的175名困难学生，帮助他们完成学业。

1　沈建佳和他资助的孩子
2　沈建佳陪孩子们踢足球
3—4　沈建佳辅导孩子做作业
5　沈建佳给他资助的孩子买了新衣服

2023年除夕夜，沈建佳家里共有15个孩子陪他一起过年。其中，4个是沈建佳正在资助的孩子，平日里就住在他家；另外11个孩子是专程远道而来，他们大多家在牧区，来县城一趟要坐三四个小时的客车。他们中，有还在上小学的孩童，有早已成年、工作了的"孩子"，有人唤沈建佳"爷爷"，有人叫他"阿塔"（哈萨克语意为"爸爸"）。大家一起包饺子、贴对联，很是热闹。看着由各民族孩子组成的大家庭，"好爸爸"沈建佳脸上洋溢着幸福的笑容。

6　沈建佳去牧区接还没有上学的孩子
7—8　沈建佳和他资助的孩子们一起吃饭

1

1　苏超
2　苏超和瓜农在瓜地里交流
3—4　苏超在瓜地里做助农直播

助农博主苏超

　　今年34岁的苏超是拥有百万粉丝的自媒体达人。入驻抖音平台4年多，他已发布短视频700多条，在抖音平台有300多万粉丝，全网粉丝600多万，是目前新疆较为有名的美食类视频博主，他还有个广为人知的名字——"淡嘴哥"。他拍摄的新疆街边美食视频不仅内容接地气，而且解说幽默、亲切又富有人情味，在烟火气中展示了新疆各民族和谐美好的日常生活。从享受美食到分享美食，再到讲述美食背

后的故事，苏超把大美新疆通过美食视频展现给大家。

在电商快速发展的时代，苏超意识到，得到的关注度越高，肩负的责任就越大。随着互联网平台的发展，越来越多的自媒体人加入其中，发展农村电商，拓宽农产品销售渠道，使农产品走出去，助力乡村振兴。于是，在当地农户的邀请下，苏超开始在田间地头直播带货，用自己的人气带动农产品销售。

5 苏超拍短视频宣传新疆美食烤全羊

1　孙凯龙在调制"禾木河的眼泪"
2　孙凯龙的酒馆
3　孙凯龙在酒馆表演

禾木河边的温暖

　　2021年5月1日，阿勒泰地区布尔津县禾木村新开了一家民谣酒馆（咖啡馆），酒馆的主人叫孙凯龙，他一边在酒馆驻唱，一边做咖啡，寻找自己的创作灵感。孙凯龙希望，无论是以什么心情来禾木的游客，都能通过听音乐、看美景放松身心。

　　孙凯龙的民谣酒馆里有一款鸡尾酒，名字叫"禾木河的眼泪"。这款酒的基酒采用的是麦卡伦单一麦芽威士忌，配以特制的禾木野草莓汁，调出的鸡尾酒是绿色

的。孙凯龙想要让来酒馆的客人通过这款鸡尾酒了解夏天禾木河河水的颜色。

孙凯龙的民谣酒馆主要是以公益的性质来经营，所有的营业收入都交由禾木村村委会按比例进行支配，禾木村的部分公共基础设施建设、对孤寡老人的帮扶，还有一些贫困学生的学费都从中支付。孙凯龙希望也相信自己能够一直坚持把这件事做下去。

"红枣公主"吴翠云

　　吴翠云是塔里木大学植物科学学院园艺林学系主任、教授、博士生导师。她扎根南疆教育30余载，不断创新教育教学理念，率先推行课程群建设，构建"一体两翼"型园艺专业人才培养模式，设立多维立体化教学资源平台。她培养出很多优秀学生，85%以上的学生毕业后都留在了新疆工作。

　　吴翠云致力于科技教育，带领团队攻克了新疆盐旱区密植枣园栽培系列技术难题，助推新疆红枣产业发展。她经常说，做果树育种就是要育出美味的水果，水果

1　吴翠云在去教室的路上
2　吴翠云在办公室给研究生释疑
3　吴翠云在教室讲课
4—5　吴翠云带学生在实验室做实验

是给人们提供幸福美好的食物，所以她从事园艺教师这个职业就是为了给人们创造美好的生活。她带领团队建成兵团首家科技小院——新疆昆玉红枣科技小院，培养"能下果园指导产业、服务农民"的硕士研究生。她组织培训果农1.3万余人次，技术指导林果种植面积500余万亩，被果农亲切地称为"红枣公主"。吴翠云曾获"全国先进工作者""全国优秀教师""全国五一巾帼标兵"等荣誉称号。

6—7　吴翠云在教室讲课

8　吴翠云给学生现场讲解枣树
　　栽培技术

1　亚历山大在手风琴珍藏馆展厅展示
　　他收藏的手风琴
2—3　亚历山大的手风琴珍藏馆展厅
4—6　亚历山大演奏手风琴

琴匠

　　出生于伊宁市黎光街11巷5号院的亚历山大·谢尔盖维奇·扎祖林是俄罗斯族。从小，他就看父亲拉琴、修琴。15岁时，亚历山大也开始修琴。1984年，在当地政府的帮助下，他开了一家手风琴修理店。

　　亚历山大用40多年时间收藏了来自20多个国家的800多架手风琴，还有近300件各民族其他乐器，其中不乏古董级精品，这些艺术品摆满了1000多平方米的手风琴

珍藏馆展厅。

　　作为国家级非物质文化遗产代表性项目俄罗斯族巴扬艺术的自治区级非物质文化遗产代表性传承人，亚历山大希望用手风琴把民族团结之歌演奏给更多的人听，也希望他的手风琴珍藏馆受到越来越多的关注，能够为当地吸引来更多游客。

7—8　亚历山大修理手风琴

1

皮影传承

　　杨姗是一名美术老师，也是乌鲁木齐市级皮影戏传承人，擅长皮影制作。皮影戏又称影戏或灯影戏，是一种以灯光照射兽皮或纸板做成的人物剪影来表演故事的戏剧，流行范围极为广泛，有着悠久的历史。

　　2017年，杨姗成功拜国家级非物质文化遗产项目皮影戏（华县皮影戏）代表性传承人魏金全为师。后来，她将皮影带入乌鲁木齐的校园。杨姗先给孩子们普及皮影戏的概念，然后教孩子们如何制作皮影。皮影是用于皮影戏表演的平面人偶和

场面景物等皮制品，通常由民间艺人以手工刀雕彩绘而成。雕刻皮影不仅需要精湛的技艺，而且需要极高的专注度。在杨姗的影响下，有不少孩子喜欢上了皮影。

在皮影戏表演中，杨姗传承皮影制作技艺，以新疆故事和新疆各民族文化为题材创作演绎，通过皮影戏让更多的人知道发生在新疆的那些动人的故事。

7 杨姗带领学生参加第四届全国少儿皮影传习成果展演

8 杨姗在课堂上给学生们讲解皮影知识

9 杨姗的学生伊扎提·艾克对皮影有浓厚的兴趣

植物猎人

　　今年40岁的杨宗宗，身上有很多标签："植物猎人"、我国第一个发现"小花鸟巢兰"的人、《新疆北部野生维管植物图鉴》的第一作者、植物分类学研究者、新疆野生动植物保护协会会员……2021年7月，杨宗宗开始在抖音平台发布关于新疆稀有野生植物的科普宣传短视频，他又多了一个科普博主的身份。

　　杨宗宗最初为人所知的标签是"植物猎人"。"植物猎人"捕捉植物是为了更好地保护它们，而非占有。每次发现新物种，要给它们起名字，收集标本，研究

1 杨宗宗在观察淡紫金莲花，采集标本
2 杨宗宗到天山一号冰川寻找淡紫金莲花
3 杨宗宗在给淡紫金莲花拍照
4 杨宗宗在清洗淡紫金莲花标本
5 杨宗宗完成标本采集

它们的生存环境和演变规律等，并将发现成果和研究结论发表。这些年，杨宗宗数不清磨破了多少双鞋，身上被蚊虫叮咬留下的疤痕更是透露着他寻找发现新物种过程的艰辛。近些年来，杨宗宗和朋友在帕米尔高原、天山山脉、阿尔泰山脉发现了8种新植物，这些发现成果的研究论文在《植物研究》《广西植物》等专业学术刊物上发表，被学界认可。为了让更多人参与到保护植物和爱护家园的行动中来，杨宗宗计划今后制作短视频时把科普植物知识和介绍美丽新疆结合起来，让野生植物得到更多关注。

6　杨宗宗在天山一号冰川寻找淡紫金莲花
7　杨宗宗整理收集到的植物标本
8　杨宗宗和同伴交流植物的相关知识

1—2　叶尔肯·马热坦西和同事清理公路
　　　上的碎石
3　伊犁公路管理局那拉提分局全体干部
　　职工开会学习

一线公路人

　　　　叶尔肯·马热坦西是一名筑路机械驾驶员，他所在的伊犁公路管理局那拉提分局在国道217线、218线的交会处，管养的285公里路段穿越地势险要的西部天山与巴音布鲁克草原相连，担负着保障自驾游客流通行和南北疆货运的重担。

　　　　近年来，随着国家投资不断增加，国道217线的服务品质不断提升，夏天有很多游客来这里旅游打卡。山里天气多变，常常一天就可感受四季气温变化。因为国道217线和218线基本上都是山路，山坡比较陡峭，一下雨就可能会突然发生泥石

流、塌方、岩石碎落等情况。

每年5月初，是道班工人清除融雪性雪崩和打通防雪走廊、疏通公路障碍的时节。伊犁公路管理局那拉提分局管养的这285公里路段是否畅通，关系到6月独库公路能否顺利通车。叶尔肯·马热坦西和他的同事连续奋战几个月，每清理一处障碍物就意味着打通了一处堵点，保通工作从未停止过。让"中国最美公路"独库公路早日通车，保持道路畅通，让更多人领略祖国山河的壮美，是叶尔肯·马热坦西和他的同事工作的使命和动力。

4　叶尔肯·马热坦西和同事清理公路上的碎石，
　　疏通道路
5　叶尔肯·马热坦西和同事在做疏通道路前的准
　　备工作
6　叶尔肯·马热坦西清理公路上的碎石
7　叶尔肯·马热坦西和家人在一起
8　叶尔肯·马热坦西和朋友弹唱

骑马打鱼人

　　新疆维吾尔自治区伊犁哈萨克自治州尼勒克县地处伊犁河谷东部山区，生活在这里的哈萨克族牧民大多以放牧为生。脱贫攻坚战取得全面胜利后，牧区生活发生了很大变化。30多岁的哈萨克族小伙儿叶尔兰·艾买提从山里走了出来，来到离家40多公里的尼勒克县三文鱼养殖基地当了一名潜水养殖工。

　　在三文鱼养殖基地，叶尔兰·艾买提学会了游泳和潜水，他每天除了要巡查、维护水下网箱，还要通过水质监测系统和水下废料收集系统实时监测水质，清理

1　叶尔兰·艾买提骑在马背上眺望远方
2　尼勒克县三文鱼养殖基地一角
3　叶尔兰·艾买提准备潜水工作
4　养殖人员正在打捞三文鱼
5　叶尔兰·艾买提坐在渔船上

废料。

　　天山脚下的冰雪融水水质纯净、冷凉富氧，为冷水鱼类生长提供了得天独厚的自然环境。尼勒克县三文鱼养殖基地采用绿色生态环保的网箱养殖模式，每年可繁育三文鱼苗种800万尾，年产能一万余吨，不仅让离海最远的新疆人吃上了新鲜的三文鱼，也让国内其他省市的消费者吃上了产自新疆的三文鱼。

　　尼勒克县三文鱼养殖基地为当地像叶尔兰·艾买提一样的牧民提供了新的工作岗位，让他们有了一份稳定的收入，享受到了脱贫攻坚和乡村振兴的成果。

筑梦天宫

　　伊丽姆努尔·约麦尔阿卜拉是和田地区皮山县乔达乡中心小学的学生，心怀航天梦的她用画笔描绘的《祝福航天》作品被带入中国空间站进行展览。

　　2021年9月，伊丽姆努尔·约麦尔阿卜拉受中国航天基金会邀请，参加"青春与星空对话"中西部青少年与载人航天面对面主题活动。在活动中，她与杨利伟互动交流，实地观看了天舟三号货运飞船的发射场景。

　　2021年10月，伊丽姆努尔·约麦尔阿卜拉再次受到邀请，前往酒泉卫星发射中

1　伊丽姆努尔·约麦尔阿卜拉放学走在回家的路上

2—3　伊丽姆努尔·约麦尔阿卜拉在教室上美术课

4　伊丽姆努尔·约麦尔阿卜拉给同学们展示她的美术作品

5　伊丽姆努尔·约麦尔阿卜拉在课堂上认真听讲

心参加执行神舟十三号载人航天飞行任务的航天员与中外媒体记者见面会，并作为中西部青少年代表采访了航天员王亚平。伊丽姆努尔·约麦尔阿卜拉了解了祖国强大的航天事业，感受到伟大的航天精神。回到家乡后，她自愿做一名小宣传员，向身边的同学讲述科学家们敢于求知、勇于创新的科学精神，分享自己"航天之旅"的见闻，营造热爱科学的良好氛围，感染和鼓舞身边的小朋友们心怀科技兴国的志向，践行建设祖国的使命。伊丽姆努尔·约麦尔阿卜拉希望自己长大后也能像杨利伟、王亚平一样，成为一名优秀的航天员。

6　伊丽姆努尔·约麦尔阿卜拉和家人在
　　一起
7　伊丽姆努尔·约麦尔阿卜拉和父母一
　　起干农活

6

7

1　玉米提江·买买提打扫民宿房间卫生
2　玉米提江·买买提培训员工整理民宿房间
3　玉米提江·买买提与员工交谈
4　玉米提江·买买提与创业合作伙伴交流

民宿管家

　　90后小伙儿玉米提江·买买提是吐鲁番葡萄沟景区一家民宿的负责人，也是一名返乡大学生。2017年，玉米提江·买买提回到吐鲁番，机缘巧合下认识了同样在寻求创业机会的合作伙伴，几人一拍即合，决定开一家精品民宿。

　　每年都有许多全国各地的游客来吐鲁番，从小在这里长大的玉米提江·买买提认为葡萄沟是一个有魅力和潜力的地方，有广阔的发展前景。他希望以民宿为

载体，重拾儿时美好的回忆，帮助家乡的人就业。玉米提江·买买提的民宿聘用的员工基本上都是当地的农民。农闲时，他们会来民宿工作，在多一份收入的同时，也学到了更多技能，积累了工作经验，生活也越过越好。

一间民宿，不但帮助当地人就近就业创收，而且改善了居民生活，也给像玉米提江·买买提一样的年轻人提供了拼搏的平台。

1

坚守

　　张年树是新疆维吾尔自治区新华书店营销中心运输科的一名发行员。自1984年入职至今，他已经在这个岗位上工作了40个年头。

　　40年来，张年树坚守在自己的工作岗位上，及时且无一例差错地给全疆的新华书店发送各类重要文件资料和学习辅导材料。他严格执行信息录入、入库、现场检查、码货、卸货、核对等环节，做到及时收、及时发、及时中转。50件材料重约1

1　张年树在库房清点货物
2—3　张年树在库房运送货物
4—5　张年树在库房整理货物

吨，每天要收发1500件左右，重达30吨，但他从未叫过苦、喊过累。

爱岗敬业是做好工作的首要前提，如果企业的每个员工都能有张年树这样的敬业精神，在平凡的岗位上干好普通而又伟大的工作，那么企业就能基业长青、持续发展。

6—7　张年树在新华书店看书

8—9　张年树和客户对接清点货物

土陶技艺传承者

新疆维吾尔自治区喀什地区英吉沙县芒辛镇恰克日库依村是远近闻名的"土陶村",有着近千年的土陶烧制历史。阿不都热合曼·买买提明是国家级非物质文化遗产项目维吾尔族模制法土陶烧制技艺代表性传承人。他从小就跟着父亲和爷爷学习土陶制作技艺,有着丰富的制陶经验。多年来,他坚持不懈,制作的土陶器物非常精致,极具民族特色。现在他的妻子、儿子、儿媳妇都已学会雕花晾晒、彩绘上

1—5 阿不都热合曼·买买提明制作土陶

釉等土陶制作技艺，特别是小儿子的技艺已经得到了大家的认可，如今跟着阿不都热合曼·买买提明一起制作土陶，接待来访的游客。他们一家人靠土陶制作技艺一年能有20万元的收入，生活过得很幸福。阿不都热合曼·买买提明希望能把土陶制作技艺一代代传下去，也希望有更多人关注并加入新疆的非物质文化遗产的保护和传承中来。

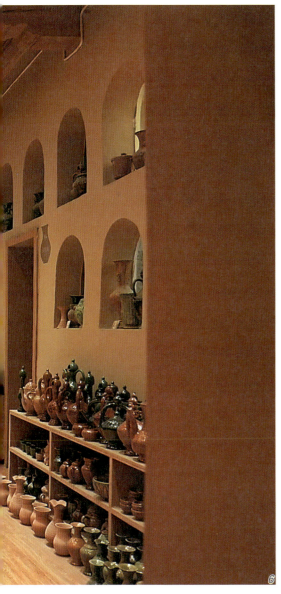

6　阿不都热合曼·买买提明的土陶制品陈列室

7—8　阿不都热合曼·买买提明给顾客介绍土陶制品

9　阿不都热合曼·买买提明和他的儿子

10　阿不都热合曼·买买提明的儿子在制作土陶器

1　阿布都沙拉木·牙生在改良自己研制的瓜
　　开沟平地覆膜播种施肥一体机

2—3　阿布都沙拉木·牙生在研制瓜开沟平
　　地覆膜播种施肥一体机

4　阿布都沙拉木·牙生指导农民使用瓜开沟
　　平地覆膜播种施肥一体机

农机先行者

　　阿布都沙拉木·牙生是新疆维吾尔自治区喀什地区巴楚县色力布亚镇拜什吐普村的村民。平时，他最喜欢的事就是看书，通过自学钻研科学技术，他发明了多种有自主知识产权的机械产品。

　　以前村里西瓜种得多，为了减少父母和乡亲们种瓜时的困难，他反复琢磨练习焊接等技能，通过一次次测试，最终于2018年成功研制出每台每天可种100~200亩瓜的瓜开沟平地覆膜播种施肥一体机。这台机器主要有开沟、铺塑料膜、播种、施

肥、平地、铺滴灌管子等功能，一经使用便赢得了瓜农们的认可。瓜开沟平地覆膜播种施肥一体机畅销本地及周边几个县。在获得喀什地区创新创业大赛一等奖后，阿布都沙拉木·牙生更有动力了，他不断探索创新，为了给大家研制便利的机械更加努力，也得到了村委会的大力支持。

　　阿布都沙拉木·牙生还给待业的村民教技术，带动近150人实现就业，成为远近闻名的青年致富带头人。阿布都沙拉木·牙生先后获得"全国农村青年致富带头人"荣誉称号和全国脱贫攻坚奖创新奖。

5　巴楚县色力布亚镇拜什吐普村的瓜地
6　阿布都沙拉木·牙生现场指导农民使用瓜
　　开沟平地覆膜播种施肥一体机
7　阿布都沙拉木·牙生给乡亲们讲解瓜开沟
　　平地覆膜播种施肥一体机的使用方法

乐器制作匠人

　　艾依提·依明是新疆维吾尔自治区阿克苏地区新和县依其艾日克镇加依村的村民，国家级非物质文化遗产代表性项目民族乐器制作技艺（维吾尔族乐器制作技艺）代表性传承人。

　　加依村制作乐器的历史已经有数百年，几乎家家从事乐器制作，被称为"中国新疆民间手工乐器制作第一村"。生在乐器村、长在乐器堆里的艾依提·依明，17

1　艾依提·依明

2—4　艾依提·依明给大家讲解乐器制作的知识

5　艾依提·依明在检查徒弟制作的琴

岁就开始跟随父亲学习乐器制作手艺，至今已有50多年了。

　　加依村多数乐器制作匠人都师从艾依提·依明。这些年来，艾依提·依明为了将民族乐器传统制作技艺传承下去，也为了让更多人学到一门创业技术，成立了合作社，前后收了70多个徒弟，其中一半左右来自困难家庭。乐器制作已成为带动当地群众增收致富的法宝。

6 加依村的塑像

7 艾依提·依明在调琴

8 乐器制作匠人在做琴

1

毛皮滑雪板上的巡线工

　　孛旭鸿是新疆阿勒泰供电公司汗德尕特乡供电所的所长，已在供电所工作十几
年。多年以来，毛皮滑雪板是他冬季线路巡查时离不开的"好伙伴"。

　　汗德尕特乡在阿勒泰市东边的一个山洼里，冬天积雪最深的时候有1.3米。所
长孛旭鸿和职工巴图管护着这里的2条35千伏输电线路和5条10千伏输电线路。为保
障汗德尕特乡牧民用电，孛旭鸿和巴图需要每个月巡查一次线路。下雪后气温降

1—7 李旭鸿和巴图划着毛皮滑雪板巡线

低，输电线上容易结冰，时间一长便会造成线路故障。每遇风雪天，路被大雪覆盖，他们划着毛皮滑雪板出去巡线就会变得更艰难，经常是一路跌跌撞撞，擦伤摔伤是常有的事。但为了保证乡民能正常用电，他们从未叫过苦、喊过累。李旭鸿说，电力保障关系到人民群众的幸福生活，作为一名电业职工他已经喜欢上山窝窝里的工作，冬天可以看雪，夏天可以看花和满坡的牛羊。

8 李旭鸿和巴图铲雪开路
9 李旭鸿和巴图在工作间隙休息

6

7

8

9

桑皮纸世家

　　布再乃普·斯玛依是桑皮纸制作人，她家是当地有名的桑皮纸世家。古老的桑皮纸制作技艺代代相传，布再乃普·斯玛依已是第十二代传承人。产自墨玉县的桑皮纸，古时被称为"汉皮纸"，在桑皮纸上书写、印花、作画可保存上千年不褪色，是国家级非物质文化遗产。 桑皮纸的制作工序很复杂，尤其是拆分后的捶打，大约需要2000多次。桑皮纸呈淡黄色，工艺讲究的可见明显的纤维结构。来自乌鲁木齐以及北京、上海、广东等地的书法家和画家是桑皮纸的固定消费人群。

1—5　布再乃普·斯玛依制作桑皮纸

　　近年来，国家加大了对非物质文化遗产保护传承的力度，墨玉县建立了桑皮纸产业园，布再乃普·斯玛依家在产业园也有桑皮纸制作作坊。每到节假日，布再乃普·斯玛依的儿子比拉力·图尔荪巴柯也会回家，帮母亲制作桑皮纸，打理店里的生意。

　　如今，在墨玉县普恰克其镇桑皮纸产业园，布再乃普·斯玛依家的桑皮纸制作作坊升级为桑皮纸制作技艺传承中心，成为当地桑皮纸制作技艺的传承基地。

甜蜜事业

吐鲁番盆地位于新疆维吾尔自治区中部，周围群山环绕，中部地势低洼，是中国夏季最炎热的地区。由于日照时间久，昼夜温差大，这里所产的瓜果含糖量极高，甜蜜的味道也让新疆瓜果声名远扬。

20多年前，曹惊龙回到吐鲁番跟叔叔一起经营甜瓜种植事业。吐鲁番传统种植的甜瓜个头大，但产量较低，曹惊龙开始尝试带领瓜农种植精品甜瓜，而习惯了传统种植的瓜农的思想并没有想象中容易转变。

1　曹惊龙给瓜农讲解甜瓜种植技术
2　曹惊龙查看甜瓜新品种
3　曹惊龙到市场上调研甜瓜销售情况
4—5　曹惊龙带领员工收购甜瓜

　　为了让瓜农放心种植精品甜瓜，曹惊龙和新疆农业科学院哈密瓜研究中心合作，成立了一支技术团队，由专业技术人员辅导农民种植、整枝打杈、选果留果等。种出的甜瓜成熟后，达到标准的曹惊龙全部高价收购。瓜农一亩地的收入从以前的1500～2000元提高到现在的3500～4000元。

　　曹惊龙带领瓜农种的瓜已经注册了商标，品相俱佳的甜瓜销往全国各地。瓜农的收入增加了，也意识到要不断提升甜瓜的品质才能做得长久。企业助农、科技兴农，曹惊龙和他的甜蜜事业滋养了家乡的乡村振兴之路。

乘风破浪的主播小船

  每天早晨，主播小船都会通过直播平台，带着线上的朋友们游览阿勒泰的美景。主播小船本名叫常钰薇，是阿尔泰旅游发展集团新媒体广告部的一名主播，主要工作内容是向大家推广介绍她美丽的家乡——阿勒泰。

  常钰薇从小就跟着当导游的妈妈在阿勒泰地区周边旅游。长大后，她就想和妈妈一样，把美丽的家乡介绍给更多的人。

  为了实现宣传推介家乡阿勒泰的梦想，常钰薇选择了时下比较流行的"短视

1—3 常钰薇做直播，带着线上的
朋友们游览阿勒泰的美景
4 常钰薇在路上玩滑板
5 常钰薇在喀纳斯景区

频+直播"的方式介绍家乡。自此，以"小船"命名的抖音号开始频频带网友游览阿勒泰的山山水水。当初她起这个名字的原因就是希望自己像海上的一条小船一样，乘风破浪，勇往直前。

常钰薇和她的同伴把对家乡的热爱融入每一个策划推广方案中，用自己的方式宣传家乡，表达对家乡的热爱。而有着丰富旅游资源的阿勒泰也因有了他们的宣传助力，吸引了更多全国各地游客的到来。

6 阿勒泰的美景
7 常钰薇和同伴一起剪辑视频

天山守望人

乔尔玛烈士陵园内的烈士纪念碑，是1984年国家为纪念因修建独库公路牺牲的烈士而修建的。1974—1983年，13000人用铁锹、钢镐、炸药凿通隧道，架设桥梁，建成独库公路。为了修筑这条公路，168位烈士长眠于此。

陈俊贵是辽宁人，1980年4月的一天，他所在的部队在参加修筑独库公路的大会战时，被暴风雪围困在天山深处，面临断炊的危险。在班长郑林书的带领下，陈俊贵和另外两名战士奉命带着最后的干粮出去求援。他们在冰天雪地里爬行了三天三夜，在风雪迷漫饥寒交迫的生死关头，班长把最后一个馒头给了年龄最小的他，

1　陈俊贵向烈士墓碑敬礼
2　陈俊贵和妻子在乔尔玛烈士陵园巡看
3　乔尔玛烈士陵园内的烈士纪念碑
4　陈俊贵和儿子清理乔尔玛烈士陵园的积雪
5—6　乔尔玛烈士陵园

　　他因此活了下来。因为风雪之夜的那次生死相托，他带着妻儿来到天山深处，为牺牲的战友守墓，这一守就是几十年。

　　乔尔玛烈士陵园位于天山深处217国道旁的伊犁哈萨克自治州尼勒克县，现在已成为红色教育基地，夏天来瞻仰的人很多。陈俊贵作为当年筑路而今守墓的一个老兵，不仅是陵园管理员，还是讲解员。他认为自己有责任也有义务将当年筑路英雄们的事迹讲给大家听。英雄应该被铭记，陈俊贵所做的一切只是想让大家永远记住这些长眠于天山深处的筑路英雄们，记住他们不怕吃苦、不怕牺牲的精神。如今，陈俊贵早已和这天山，和这公路，和这陵园融为一体，不能走，也不愿走。

河狸公主

位于新疆维吾尔自治区阿勒泰地区青河县境内的新疆布尔根河狸国家级自然保护区内，生活着国家一级保护动物蒙新河狸。目前，我国的河狸只生活在乌伦古河流域，仅有197个蒙新河狸家族，数量不足千只，比大熊猫还要少。

2017年，从北京林业大学毕业的初雯雯选择回到阿勒泰，回到她热爱的大自然，从事野生动物保护事业。作为阿勒泰地区自然保护协会创办人之一，擅长运用互联网的初雯雯带领小伙伴们开通了当时国内第一个野生动物直播——河狸直播。

1 初雯雯在河狸生活的水域讲解河狸的
  生活习性
2—4 初雯雯在野外拍摄河狸
5 初雯雯为保护河狸的公益项目做宣传

阿勒泰地区特有的蒙新河狸就这样走进了大众的视线。

初雯雯发起的"河狸食堂""河狸方舟"等保护河狸的公益项目目前已成功吸引上百万人参与，带动100多万名网友捐款，为河狸宝宝们种下60多万棵灌木柳苗，大大缓解了蒙新河狸缺乏食物的问题，促使国家一级保护动物蒙新河狸种群数量增长了20%，达到中国自有河狸观测数据以来的峰值。初雯雯"河狸公主"的称号由此而得。

村医小段

1994年7月，段学渊从学校毕业后就来到博乐市青得里镇崩很特村担任村医，一直干到现在。段学渊走在路上，村里人都会热情地和他打招呼，亲切地叫他"小段"。

段学渊深切地体会到作为一名村医的重要性。他向从事村医50年的父亲学习，扎根乡村，守护村民健康。工作之余，段学渊购买了大量医疗书籍进行学习，还坚持学习维吾尔语、哈萨克语和蒙古语，现在他已经可以无障碍地跟病人进行交流和

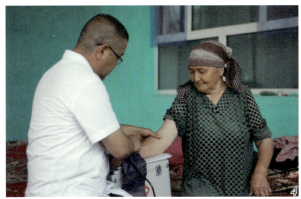

1　段学渊到村民家给村民看病，和村民
　　交谈

2　段学渊在村里碰到小朋友和他打招呼

3—4　段学渊到村民家给村民看病

5　段学渊走在路上

沟通。

　　《2018年国务院政府工作报告》中提出，继续提高基本公共卫生服务经费人均财政补助标准。自治区医疗卫生服务能力显著提升，全区乡镇卫生院、村卫生室建设标准化率达100%。段学渊认为，村医就是村里老百姓的医生，干好村医，最重要的就是和老百姓紧密联系到一起，不分彼此。2021年，段学渊被授予"全国脱贫攻坚先进个人"荣誉称号。

6 段学渊在路上碰到村民，询问他的病情
7 段学渊和父亲探讨药材的功效
8 段学渊在村医务室给村民看病
9 段学渊在村医务室工作

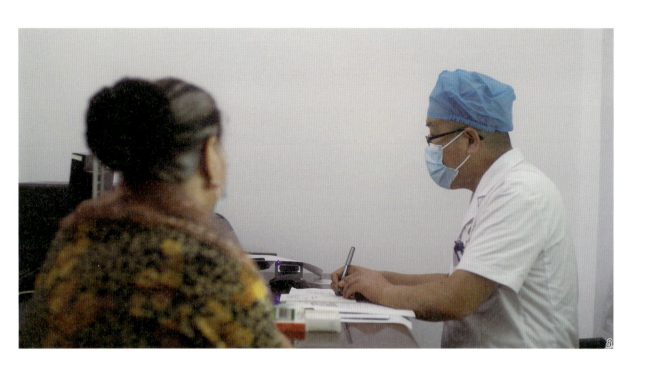

玉雕

　　樊军民是以雕刻玉石器皿见长的中国工艺美术大师。读懂材料，根据材料的特点设计创作玉雕作品，彰显玉质的美，是樊军民设计创作玉石器皿的宗旨。

　　1988年至今，樊军民一直从事玉石雕刻及设计工作。作为一名玉石雕刻者，樊军民致力于推动和田玉文化的发展和传承。他与新疆职业大学合作，开设玉雕设计专业，筹建了新疆和田玉文化创意产业园，建设了全国第一家玉雕产学研结合的实训基地。他的工作室被授予"自治区级技能大师工作室"称号。

1　樊军民指导学徒雕刻玉器
2　樊军民在观察、研究玉石原料
3　樊军民设计玉石雕刻图
4—5　樊军民指导学徒雕刻玉器

作为玉雕艺术的传承者，樊军民培养了近30名国家级玉雕大师、省级工艺美术大师和高级工艺美术师。他带领团队设计的玉雕作品累计获得200多项国家和省部级玉雕大赛的各类奖项，其中包括中国珠宝玉石首饰行业协会天工奖、中国工艺美术百花奖。他的作品《蟠龙瓶》获得了中国珠宝玉石首饰行业协会天工奖的金奖。樊军民先后获得"中国工艺美术大师"和"中国玉石雕刻大师"等荣誉称号，是正高级工艺美术师、高级技师，享受国务院政府特殊津贴的专家。

6　樊军民练习书法
7　樊军民设计创作的玉雕作品
8　樊军民在博物馆参观

绘梦者

　　2023年5月，鄯善县乔克塘村，一位年轻人正在聚精会神地绘制墙画。这位名叫高扬的墙绘师，是从南京返乡创业的大学生。返乡，对高扬来说，不是逃离大城市的喧嚣，而是用新思路、新视野重新打开家乡的发展思路，让家乡变得不一样。

　　回到家乡后，高扬拿起画笔，开始了艺术创作。他将自己的所见所想，通过

1—2　高扬聚精会神地绘制墙画
3　高扬指导同伴绘制墙画
4　高扬在电脑上设计绘画图纸
5　高扬和同伴交流墙绘思路

色彩明亮、寓意美好的艺术作品呈现在乡村的墙壁上。高扬用自己的画笔，将新农村的面貌一点儿一点儿展现出来，在美化环境的同时，将家乡的特色和新事物结合在一起。美化后的土墙成为传播现代文明、弘扬新时代新风尚的文化载体，为乡村振兴助力。

1

风中岁月

何汉明是塔城公路管理局托里分局老风口防风雪抢险基地的班长，也是一名筑路机械驾驶员。从1994年起，何汉明已在老风口抢险基地工作了30年。有20多年筑路机械驾龄的他，曾获得全国五一劳动奖章以及全国模范养路工、全国交通技术能手、新疆交通系统劳动模范、新疆维吾尔自治区交通运输厅防风雪保交通先进个人、塔城公路管理局先进个人等多项殊荣。

　　作为老风口防风雪抢险基地的班长，每次的除雪工作，他都第一个出去，最后一个回来。为了保障辖区公路畅通，何汉明带领着由汉族、维吾尔族、哈萨克族、回族等各民族职工组成的抢险队伍，在过往旅客遇到危险时，毫不犹豫地冲进风雪中。抢险救人过程中的凶险是难以想象的，他们用生命与暴风雪搏斗，用老风口精神和坚定的信念为生命护航！

禾木情

　　洪增宁是广东汕头人，熟悉她的人都叫她可可。因为一次旅行，洪增宁爱上了新疆，决定留在阿勒泰地区布尔津县禾木村创业，和朋友一起开了一家咖啡屋。她磨制的咖啡味道醇厚，香味持久。

　　洪增宁说，禾木就像一幅水墨画，让人看了很容易失神。喜欢禾木风景的洪增宁也很习惯禾木的生活。她说，这是第一个让她来了之后就不想走的地方。在禾木

生活久了，洪增宁感受到了当地人的热情，和当地群众打成了一片。下雪了，他们会一起外出铲雪、堆雪人。过年时，他们也会一起包饺子。

从游客成为老板的洪增宁想通过自己的亲身经历告诉大家，新疆是个好地方，希望更多的人来新疆创业。

追梦

　　十几年前，黄小敏还只是一个cosplay（角色扮演）爱好者。当时乌鲁木齐的动漫展少且规模小，这让黄小敏暗暗下定决心，要在乌鲁木齐办一场自己梦想中的漫展。

　　此后，黄小敏经常在网络上观看国内其他省市举办的漫展活动，并总结他们举办漫展的经验，给愿意接受新鲜事物的新疆cosplay爱好者们创造条件，让更多的人开始慢慢了解cosplay。

　　在宣传推广cosplay的过程中，黄小敏认识了很多有相同爱好的人，他们团结起

1　黄小敏接受访谈
2　黄小敏为活动做准备
3—5　黄小敏做cosplay直播

　　来，一起为举办漫展做准备。有时，凌晨两三点了他们还在忙着为cosplay活动布展。从设计到物料制作，大家朝着同一个目标共同努力，黄小敏很开心。虽然有时付出和收获不成正比，但从一开始的不被接受到现在被很多人喜欢，她感到很满足。

　　从业十几年，黄小敏最大的感受就是新疆越来越开放了，国漫也发展得越来越好了，cosplay以前不被大家理解、认可，现在已被普遍接受，并发展成为新兴产业。从2012年至今，黄小敏见证了cosplay行业在新疆从小众到大众的变化，见证了这个行业实现真正的业态化。她的坚持和努力让我们看到作为新时代追梦人闪闪发光的青春底色。

6 黄小敏所在的cosplay表演团队
7 黄小敏的cosplay装扮

6

7

梦想列车

　　锁梦是中国铁路乌鲁木齐局集团有限公司乌鲁木齐客运段动车队的一名列车长。锁梦服务的是乌鲁木齐到兰州西的D56次列车。每趟出乘列车上定员613名乘客，乘务组负责这613名乘客的旅途服务，以及旅途中的安全宣传、安全防控等工作。乘客遇到身体不适或其他问题时，列车员都要及时帮助解决。

　　"读万卷书，行万里路，我已经行了万里路。人生最美的风景不一定是在终点，也会是在途中。"这是锁梦经常说的一句话。作为一名列车长，对她来说最有

1　锁梦走在站台上
2　锁梦前往工作岗位
3—5　锁梦在列车上为乘客服务

意义的，不仅是优秀的服务被认可时的欣慰，还有向外地的旅客介绍自己家乡时的喜悦。

兰新高铁于2014年12月正式开通运营，使兰州到乌鲁木齐的运行时间缩短到12小时左右，让更多人可以领略到祖国西部之美。在铁路工作的9年时间里，锁梦见证了列车更新换代的发展，列车也见证了她从乘务员到列车长的成长。

6　乌鲁木齐到兰州西的D56次列车
7—10　工作中的锁梦
11　生活中的锁梦

贴心书记

　　品质优良的色素辣椒是新疆维吾尔自治区巴音郭楞蒙古自治州博湖县才坎诺尔乡哈尔尼敦村的传统优势作物。2020年初，在村党支部书记、村委会主任覃波的努力推进下，哈尔尼敦村成功引入色素辣椒加工厂，不仅方便了种植户就近售卖辣椒，还解决了5名村民的就业。覃波还积极对接县乡两级相关部门，申请到200万元惠民生项目资金，为村里修建了2座总面积8000平方米的晒场。

　　产业兴旺是解决农村问题的前提。2021年初，依托当地丰富的渔业资源优势，

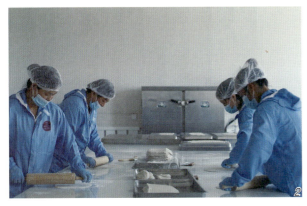

1　覃波查看辣椒成熟情况
2　鱼面加工厂的工人正在忙碌工作
3　覃波检查鱼面加工厂的生产情况
4--5　覃波给村民讲解种植色素辣椒的优势

覃波和驻村工作队利用原村委会大院，引来湖牌鱼面加工厂进驻哈尔尼敦村。2022年4月，鱼面加工厂投资50万元对生产车间进行了升级改造，不仅产能提升了一倍，还吸纳了12名村民进厂工作。覃波表示，基层是离老百姓最近的地方，要努力为群众做好事，想群众所想，办群众所需，持续推进产业种植结构调整，促进产业发展，努力实现党支部有作为、党员起作用、集体增收入、群众得实惠的目标。

6　哈尔尼敦村的辣椒地

7—8　覃波去村民家走访了解情况

9　覃波走在村里的大路上

油田探路人

　　谭文波是中国石油集团西部钻探工程有限公司试油公司井下作业工、高级技师。他从事试油、地层测试工作已经近30年。

　　试油，是在油田勘测出来之后需要进行的一个重要环节，通过试油来确定石油开采的准确位置，制定开采方案，也被称作"油田开发前的临门一脚"。试油关乎一个油田的开发，一旦判断有误，就有可能与一个好油田擦肩而过。在技术上拥有自己的知识产权，才不会处处受制于人。谭文波经过反复钻研，想出用电动液压替代火药作为动力，这就需要重新设计一套传动设施。在当时，这种技术和设施在世

1—2　谭文波给同事讲解机器工作
　　　原理
3—4　谭文波和同事修理机器
5　　谭文波和同事在车间检查工作

界上还没有先例。通过努力，由谭文波首创的液压地层封闭技术获得了成功，他
发明的具有自主知识产权的电动液压桥塞现在被广泛使用。

　　多年来，谭文波解决一线生产疑难问题数十个，为公司创收近亿元。谭文波
说，自己赶上了好时代，在西部，在克拉玛依，地层对人类的馈赠给技术工人提
供了各种各样的机会，作为一名石油工人，要无愧于这个时代。谭文波先后获得
2018年"全国最美职工""大国工匠2018年度人物"及"全国劳动模范"等荣誉称
号，由他领军创立的"谭文波工作室"成为全国示范性劳模创新工作室。

6 克拉玛依市的开拓者雕像
7—8 谭文波操作油田机器设备

空中交警

　　田磊是新疆机场集团运管委空管中心的一名空中交通管制员，2012年参加工作至今。空中交通管制员也被称为"空中交警"，他们每天都要"眼观六路，耳听八方"，给飞机提供空中交通服务。田磊的工作是负责指挥飞机的起降以及飞机飞行过程中的安全指引等。

　　刚开始工作时，田磊感觉自己从事的职业比较帅气，可以指挥飞机。但随着时间的推移，他发现，这个职业要承担大量的工作，压力很大，对个人能力的要求

1　工作中的田磊

2—5　田磊和同事在空管中心
　　　指挥空中的航空器

也非常高。认识到这一点后，田磊在每年的特岗培训时特别认真，关于不同设备的应急处理方法，他会认真记录，以备不时之需。在进行面临极端情况训练时，他更是一丝不苟，总是反复多次模拟和练习，尽可能地在考核中找出自己的短板，并加以改进和完善，提升自身的技能水平和应急处置能力。

　　田磊说，他和同事们的工作就是在幕后提供设备保障，是飞机安全飞行最坚实的后盾，工作当中最开心的就是看到飞机正常起降。如果用一句话来总结空中交通管制员这个职业，那就是"在岗1分钟，尽心60秒"。

1　吐尔艾力·买苏木在制作艾德莱斯绸
2　吐尔艾力·买苏木和妻子一起整理丝线
3—4　吐尔艾力·买苏木和妻子一起缫丝

艾德莱斯助增收

　　吐尔艾力·买苏木是和田市吉亚乡艾德莱斯绸制作技艺第八代传承人。吐尔艾力·买苏木从小就跟着父亲学习制作艾德莱斯绸。1992年，在政府的帮助下，他注册了"吉亚丽人"商标，并成立了合作社。通过对传统工艺进行改造，并根据市场需求设计新图案，增加花色品种，"吉亚丽人"声名大噪，产品广销各地，成立的合作社不仅带动了就业，还成了热门景点。

　　如今，和田市吉亚丽人艾德莱斯绸有限责任公司已经成为当地最大的艾德莱斯

绸生产基地。从2019年初到现在，该公司已接待国内外游客1万多人次，还准备根据客户的要求定制艾德莱斯绸的图案和花色，让更多的游客享有定制版艾德莱斯绸。

目前，和田市吉亚乡的艾德莱斯绸年产量达到50万匹，为近千名村民提供了就业岗位。当地采取"合作社+贫困户""文化+旅游"等发展模式，组织成立了53个生产艾德莱斯绸的合作社、村办企业，带动村民就业增收，促进乡村产业振兴。

5　商场中热销的艾德莱斯绸服饰深受
　大众喜爱

6—7　吐尔艾力·买苏木在给丝线染色

做公益的插画师

　　王琳是一名插画设计师，2014年在乌鲁木齐创立了自己的工作室。一次偶然的灵感，她将以前画的猫形象进行修改，设计出搭配16句使用频率较高的新疆方言的"歹猫"。"歹猫新疆话"系列表情包的创作使王琳在业界脱颖而出。

　　2016年，王琳受邀参与荒野新疆公益绘画项目，要创作一套关于新疆野生动植物的绘本。在工作中王琳发现，新疆不仅有独特的风光资源，还有很多的物种资源，将新疆丰富多样的物种资源用有效的方式传播出去，有利于增强大众保护大自

1　王琳在她的博物实验室
2—5　王琳和同事准备办展的
　　　相关事宜

然的意识。从此，王琳便参与到公益事业中，并逐渐成为一名公益
人。办展是她宣传公益事业的主要途径，王琳想通过展览的方式让
更多人参与到这项事业中来，全民参与才能产生真正的影响。

　　一个又一个像王琳这样的公益人用自己的力量努力影响着更
多人。他们始终相信，只有绿水青山常在，我们的家园才会永葆
生机。

6—7 工作中的王琳
8   王琳的博物实验室
9   王琳和同事讨论选用的展品

1

山野"药王"

      王仁是阿尔泰山中草药博物馆名誉馆长，因为能辨别千余种野生植物药材，攻克治疗多种顽症，被当地人称为"药王"。

      位于新疆北部的阿尔泰山，生长着2300多种植物，是天赐的中草药宝库，中国重要的生物物种基因库。每年4—9月，正是植被生长成熟的阶段，王仁总是背着简单的行囊，穿梭在阿尔泰山间，享受着花草带来的惊喜。

      从17岁开始，王仁便以赤脚医生的身份和当地牧民一起过着四季转场的游牧

1　王仁在山中采药
2—3　王仁查阅医书
4—5　王仁和同事一起
　　　上山采药

生活，他对阿尔泰山这个"中草药王国"充满兴趣，日复一日地采药、加工、配药。经过数十年的积累，王仁拍摄了2万多张草本植物、动物、矿石图片，采集制作了千余份中草药标本，为构建阿尔泰草本植物资源数据库打下了基础。此外，经过多年的收集、整理和研究，他先后编撰出版了《哈萨克药志》《新疆阿尔泰山脉野生植物图谱》《哈萨克医常用植物药材实用图谱》等11本著作。2019年，依托王仁多年来拍摄的中草药照片和采集制作的标本，阿勒泰市建成阿尔泰山中草药博物馆。2022年，王仁获得全国五一劳动奖章。

1

滑板的魅力

　　王锐是乌鲁木齐市一家滑板俱乐部的主理人。从业余爱好者到职业滑板人,他玩滑板已经20多年了。2016年,王锐着手开办经营自己的滑板俱乐部。2018年,王锐开始尝试滑板教学,如今他的滑板俱乐部已有100多名学生。

　　相较于传统的运动项目,正在兴起的极限运动更具活力、挑战性、创造性。新疆的极限运动起步较晚,但发展很快。现在相关职能部门很支持并且在积极推广极限运动,建设各类极限运动的专业场地,组织极限运动力量走进校园开展公益活

1　王锐在乌鲁木齐市人民电影院前玩滑板
2—3　王锐在乌鲁木齐人民广场上玩滑板
4—5　王锐在滑板俱乐部整理滑板

动。希望未来能有更多年轻的力量加入，推动新疆的极限运动不断发展。

　　在新疆，年轻化、城市化、时尚化的运动项目逐渐兴起，滑板从小众走向大众，这样更有个性、更具新鲜感的运动项目也迎来了新的发展。滑板对于王锐来说是职业，是梦想，也是期待。作为新疆滑板运动的推广者，王锐希望让更多不同年龄段的人体会到滑板的魅力，他也会在这条充满热爱的道路上一直走下去。

"千亿画路人" 王新栓

　　王新栓是新疆铁道勘察设计院有限公司副院长、总工程师。1999年，他大学毕业后回到新疆，从事铁路勘察设计工作，至今已20多年，为新疆的铁路建设贡献着智慧和力量。

　　王新栓扎根勘察设计一线，坚守初心、甘于奉献、勇于创新、业务精湛，参与完成全疆中长期铁路规划编制，参与、主持完成全疆多条重大干支线的铁路勘察设

计工作。他用一套套巧夺天工的设计方案表达对家乡的热爱。精伊霍铁路、南疆铁路、阿富准铁路、格库铁路、若和铁路，他参与和主持设计的疆内铁路超过3000公里，总投资近1000亿元，以匹配的铁路网"疆内环起来，进出疆快起来"为目标，加快丝绸之路经济带核心区建设，为推动新疆经济高质量发展奠定基础。

8 王新栓和同事研究铁路勘察设计工作
9 王新栓在办公室处理日常事务

边境线上的"活界碑"

　　1964年，24岁的魏德友响应党和国家的号召，从原北京军区转业到新疆生产建设兵团第九师一六一团（原兵二连）工作。20世纪80年代初，魏德友所在的连队被裁撤，战友们和百余户群众陆续撤离，他却主动选择留下戍守边境。魏德友买了3头牛、20只羊，在萨尔布拉克草原开始了放牧巡边的生活。

　　几十年来，魏德友始终不忘初心，坚守为国戍边信念，义务戍守边防。他与妻子一起驻守在夏季蚊虫猖獗、冬季风雪肆虐的无人区，过着"家住路尽头，放牧为

1 魏德友在界碑旁
2 魏德友在巡边途中
3 魏德友和妻子给家乡人民展示
　　荣获的"七一勋章"
4 魏德友和女儿
5 魏德友一家人其乐融融

　　巡边"的生活，成为边境线上的"活界碑"，义务巡边近20万公里，劝返和制止临界人员千余人次，堵截临界牲畜万余只。从青春韶华到满头银丝，他将自己的一生奉献给了祖国的边防事业。为国戍边，是这位古稀老人一生的坚守。

　　2022年6月，魏德友当选为中国共产党新疆生产建设兵团第八届委员会候补委员。他还是"七一勋章"获得者，获得"时代楷模""全国劳动模范"等荣誉称号。

6　魏德友在巡边
7　魏德友在放牧

6

7

后记

　　劳动创造幸福，奋斗成就梦想。广大劳动群众与党同心、跟党奋斗，辛勤劳动、无私奉献，用智慧和汗水为党和国家事业发展做出了重要贡献。讲好劳模故事、劳动故事、工匠故事，弘扬劳动最光荣、劳动最崇高、劳动最伟大、劳动最美丽的社会风尚，激励广大劳动群众锐意进取、勇于创造，在平凡的岗位上续写不平凡的故事。

　　本书在出版过程中得到了自治区相关行业厅局单位的积极配合和支持，新疆雅辞文化发展有限公司反复琢磨该书人物的定位，精心挑选拍摄人物，相关专业人士对本书人物故事的编写提出了宝贵意见和建议，确保此项工作顺利进行。在这里，我们对大家的辛苦付出表示深深的敬意和由衷的感谢！

新疆维吾尔自治区社会科学界联合会

新疆维吾尔自治区总工会

2024年6月

图书在版编目（CIP）数据

礼赞新时代的奉献者 / 新疆维吾尔自治区社会科学
界联合会，新疆维吾尔自治区总工会编 . -- 乌鲁木齐：
新疆人民出版社（新疆少数民族出版基地），2024. 10.
（新疆相册）. -- ISBN 978-7-228-21399-3

Ⅰ . K820.845
中国国家版本馆 CIP 数据核字第 2024P7L631 号

新疆相册：礼赞新时代的奉献者

XINJIANG XIANGCE：LIZAN XINSHIDAI DE FENGXIANZHE

策　　划	王　慧	责任编辑	王　慧
装帧设计	陈　飞	责任技术编辑	王　娟

出版发行　**新疆人民出版社**
　　　　　（新疆少数民族出版基地）

地　　址　乌鲁木齐市解放南路 348 号
邮　　编　830001
电　　话　0991-2825887（总编室）　0991-2837939（营销发行部）
制　　作　乌鲁木齐形加意图文设计有限公司
印　　刷　新疆新华印务有限责任公司

开　　本　787mm × 1092mm　1/16
印　　张　13
字　　数　150 千字
版　　次　2024 年 10 月第 1 版
印　　次　2024 年 10 月第 1 次印刷
定　　价　67.00 元

版权专有，侵权必究。如有质量问题，请与营销发行部联系调换。